*Zeit*SPRÜNGE

Hamburg-Eilbek

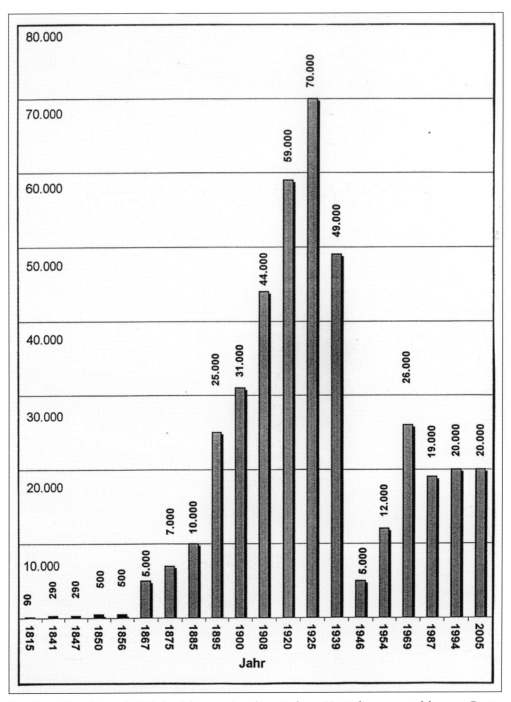

Die Einwohner-Statistik Eilbeks dokumentiert die ständigen Veränderungen infolge von Besiedelung, Inflation und Kriegszerstörungen über einen Zeitraum von fast 200 Jahren.

*Zeit*SPRÜNGE

Hamburg-Eilbek

Karl-Heinz Meier

Sutton Verlag GmbH
Hochheimer Straße 59
99094 Erfurt
http://www.suttonverlag.de

Copyright © Sutton Verlag, 2005

ISBN 3-89702-855-7
Druck: Oaklands Book Services Ltd., Stonehouse | GL, England

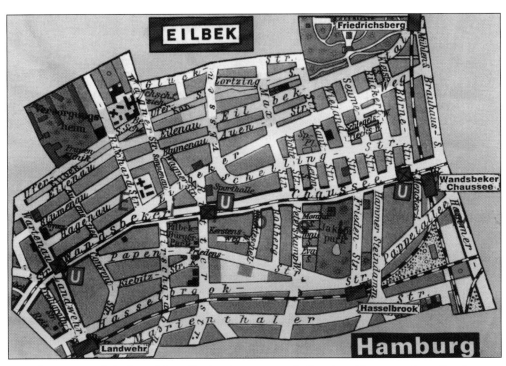

Der Plan unseres dicht besiedelten Stadtteils zeigt innerhalb seiner Grenzen urbane Strukturen; man erkennt die S-Bahnstrecke, den Eilbekkanal und den Straßenzug Landwehr/Wartenau auf einer Fläche von 1,726 Quadratkilometern.

Inhaltsverzeichnis

Danksagung und Fotonachweis	6
Vorwort	7
1. Ansichten eines Stadtteils	9
2. Familienleben und Freizeit	23
3. Chronik der Schulen	41
4. Die Kirchen und ihre Gemeinden	51
5. Handel und Handwerk, Geschäfte und Betriebe	57
6. Entwicklung des Verkehrswesens	81

Danksagung und Fotonachweis

Mein Dank gilt allen, die mit Bildern und Dokumenten aus Familienalben, Chroniken, Jubiläumsbroschüren, Festzeitungen und Archiven die Gestaltung des Buches unterstützt haben: Manno Fuhrmann (Sport-Club Eilbek von 1913 e.V.), Martin Krüger (Turnerbund Hamburg-Eilbeck e.V.), Claus Schmiedefeld (A.K. Eilbek), Dr. Rainer Bomholt (Alte Eilbeker Apotheke), Kai-Peter Siemsen (Neue Eilbeker Apotheke), Radio Kröger, Juwelier Krack, Puppenstudio, Commerzbank, Zauber-Bartl, Optiker Krause, Schuhhaus Wackermann, Pastorin Friedburg Gerlach und die Pastoren der Kirchengemeinden nebst Kantor Michael Turkat. Vorbildliche Zusammenarbeit bestand mit den Herren Thilo Mucke und Michael Pommerening vom Wandsbek-Archiv und der Hochbahn Presse-Information.

Für die freundlichen Gespräche und die Überlassung von Fotos und Informationsmaterial danke ich herzlich den Damen und Herren:
Yannic Brocks, Elisabeth Eggers, Renate Endrulat, Horst Esemann, Irmgard Fichner, Evelyn Hall, Karin Herrling, Inge Heubes, Birgit Jäksch, Gisela Klopsch, Ingeborg Kufersky, Dieter Maul, Käte Meier, Christiane Moede, Jutta Paul, Gerhard Schuchmacher, Günter Steinberg, Sayoko Tietz, Michael Töteberg, Sigrid Vogler, Imke Willenbrock, Joachim Weidner und den hilfreichen Interviewpartnern.

Die alte Windmühle auf dem Roßberg – Schauplatz des Romans „Robinson der Jüngere" von Joachim Heinrich Campe – wurde 1882 durch eine Feuersbrunst zerstört.

Vorwort

Die geruhsamen Jahrzehnte der „guten alten Zeit" und das Erlebnis unserer heutigen modernen Generation – zwei Welten werden in diesem Band in Bildpaaren vereinigt. Es zeigen sich u.a. glänzende Aussichten und soziale Gegensätze. Die Zeugnisse auf Fotos und in Texten über Eilbek sollen das Verständnis für die Geschichte unseres Stadtteils fördern. Gestern und Heute – zwei Motive, die nur scheinbar gegensätzlich und verschieden sind, dokumentieren das Lebensgefühl und den Kultursinn vergangener und jetziger Tage. Über lange Zeiten waren die Wohngebiete getrennt nach Wohlstand und Armut. Man lebte entweder herrschaftlich im Auenviertel oder in den Arbeiterwohnungen der Etagenhäuser und Hinterhöfe. Senioren, die in diesem Bildband blättern, werden aus eigenem Erleben einiges wieder finden, was der Welt von Gestern angehört und in der Erinnerung schon lang verklärt erschien. Die Jugend wird bei der Lektüre erfahren, was von der Tradition Eilbeks noch heute lebendig und bewahrenswert ist.

Den Ausblick vom Turm der Friedenskirche über die Dächer von Eilbek sollte man nicht versäumen.

Die Baptistengemeinde Eben-Ezer wurde 1884 gegründet. Ihre Kirche für über 400 Mitglieder in der Kiebitzstraße wurde bei den schweren Bombenangriffen der Alliierten 1943 zerstört.

1
Ansichten eines Stadtteils

Das alte Eilbek, noch vor 150 Jahren vom dörflichen Charakter geprägt, entwickelte sich zu einem blühenden Stadtteil im Osten Hamburgs. Die Wandsbeker Chaussee begünstigte als Verkehrsweg schon bald nach dem großen Hamburger Brand von 1842 die Ansiedlung von Handwerkern und Händlern. Neue Wohngebiete entstanden, als das Hospital zum Heiligen Geist die großen Liegenschaften zwischen der Chaussee und dem Eilbeker Weg veräußerte. Mit dem Aufschwung wuchs die Einwohnerzahl um 1900 auf 31.000 Seelen. Schulneubauten und Gotteshäuser formten das Antlitz des Stadtteils und spiegeln die Entwicklung der Geschichte und Kultur bis in die Gegenwart wider. Schicksalsschwere Ereignisse wie die Choleraepedemie 1892, die Primus-Katastrophe 1902 und der „Feuersturm" 1943, der tausende Opfer forderte, sind Zeugnisse der Vergangenheit, die Generationen prägten. Gute Verkehrsverbindungen, Einkaufsmöglichkeiten und unsere Parks vermitteln uns heute ein beschauliches Wohngefühl, wo einst niedrige Giebelhäuser das Straßenbild bestimmten.

Stolzer Besitzer der schlossartigen Villa mit dem Turm war bis 1901 Dethard Kalkmann. Von 1900 bis 1910 war ein Restaurant mit einem Biergarten in der Anlage etabliert. In dem beliebten Bürgerpark konnte man im Schatten hoher Bäume sein Marienthaler Bier genießen. Das Lokal des Wirtes Joh. Timmermann war 1902 Schauplatz der Gründung des Hilfsausschusses für die Hinterbliebenen der Primus-Katastrophe. Heute befindet sich auf dem Gelände der ehemaligen Kalkmann'schen Villa in der Wandsbeker Chaussee 100 neben dem Hügel ein Kinderspielplatz mit modernen Spielmöglichkeiten.

Die Pensions- und Lehranstalt der Madame Stüven befand sich von 1855 bis 1880 auf dem Gelände der Wandsbeker Chaussee 143-145. In der Schule – überwiegend für Mädchen – gab es drei Klassen mit etwa 60 Kindern. Nachfolger in diesem Gebäude waren nach Umbauten Toni Harder mit seinem Laden für Puppen und Spielwaren und außerdem Rohwedders Textilgeschäft für Damen-Leibwäsche und Herrenhemden. Tapeten, Linoleum und Wachstuche kaufte man nebenan bei Harders Bruder. Der Nachkriegsaufbau schuf Raum für die Gaststätte „Zum Treffpunkt", dem Tagungslokal der Eilbeker Vereine. Für die fachliche Beratung und den optimalen Service ist der Optiker Fischer bekannt. In seinen beiden Geschäften bietet er eine Auswahl von Brillen und Kontaktlinsen an.

Nach dem Abbruch der Giebelhäuserzeile in der Wandsbeker Chaussee 177 bis 179 im Jahre 1898 konnte mit dem Bau eines Etagenhauses begonnen werden. Die kleinen Läden mit Drogen, Farben und Seifen sowie eine Handlung mit Kolonialwaren verloren damit leider ihre Existenz. Die Apotheke von Karl Feuerbach bezog 1899 das neue Domizil, das im Zweiten Weltkrieg zerstört wurde. Im Neubau von 1956 sind heute der Nachfolger der Neuen Eilbeker Apotheke zu finden: Kai-Peter Siemsen, Apotheker und Vorsitzender der Einkaufsmeile Eilbek, und „Dat Backhus", eine Filiale mit einer kleinen Konditorei. Das Straßencafé ist im Sommer gut besucht.

Im Straßenzug der Wandsbeker Chaussee befand sich am Abzweig zur Seumestraße auf der linksseitigen Ecke die Weinhandlung von Heinrich Schröder, der auch mit Kolonialwaren und Konserven handelte. Gegenüber lag die Gastwirtschaft von Hermann Elsner – den Freunden eines kühlen Pilseners wohlbekannt. Im gleichen Bereich liegt in einem modernen Neubau seit 2004 das indische Restaurant „Zala". Empfohlen wird das „Märchenmenue – Speisen wie ein Maharadscha". Vor dem Eingang zur U-Bahnstation liegt ein polnisches Lokal mit Spezialitäten aus den Regionen des Landes. Die Adresse für Eilbeks Tierfreunde ist der Eckladen „Hund & Katze", die Handlung für frisches Futter und Artikel wie Leinen, Körbe und Spielzeug für unsere Lieblinge.

Das nach 1874 bebaute Auenviertel mit seinen Straßen Hagenau, Blumenau und Eilenau wurde das bevorzugte Wohngebiet wohlhabender Kaufleute und Fabrikanten. Die Stadthäuser und Villen aus der Gründerzeit inmitten parkähnlicher Gärten zeugten vom Glanz der Epoche. Diese Partie in der alleeartigen Blumenau wurde von schmucken Hausfassaden mit verzierten Erkern und Giebeln gesäumt. Leider konnten nur einzelne Teile dieser Familiensitze den Krieg überstehen. Sie blieben uns als Beispiele besonderer architektonischer Gestaltung durch Renovierungen erhalten und zeugen heute von der Vielfalt der Stilelemente des Eklektizismus im Straßenbild Eilbeks.

Im denkwürdigen Dreikaiserjahr 1888 der Bismarck-Ära wurde das acht Meter breite Wohnhaus in der Blumenau 40 erbaut. Auf dem 340 Quadratmeter großen Grundstück entstand über Generationen eine vertraute Atmosphäre für die Familie Otto Schuchmacher. Als der Cuxhavener Maschinenbau-Ingenieur das Haus mit dem Garten 1930 kaufte, wurde sein Lebenstraum erfüllt. Über Jahrzehnte bestimmte ein gnädiges Schicksal das Familienglück. Das untere Foto zeigt Otto Schuchmacher (rechts außen) mit Angestellten seiner Firma und „Seeteufel" Graf Luckner (dritter von links). Mittelschwere Bombenschäden am 3-stöckigen Gebäude konnten repariert werden. Heute lebt der ehemalige Elektrofachmann Gerhard Schuchmacher, ein aktiver Ruheständler, mit seinen Erinnerungen auf dem Familienbesitz im Auenviertel.

In der Blumenau 35 befand sich schon seit Generationen der Wohnsitz der Nachkommen der Fabrikantenfamilie Maul. Gründer der Firma war der Erfinder der Briefwaage Philipp Jakob Maul (1841-1922). Durch sein Patent von 1909 gelangte das Unternehmen in der Folge zu weltweiter Bedeutung. Ein Beleg für den Aufschwung von Firma und Famlie waren und sind die Familienfotos mit dem gesamten Hauspersonal. Letzter Firmenchef war der Ingenieur und Kaufmann Otto Maul. Seit der Gründung 1885 bis zur Schließung 1989 schrieb die Familie über 100 Jahre Firmengeschichte – ein Beispiel für Eilbeker Schicksale und Erfolge.

Im südlichen Teil Eilbeks – dem Hasselbrook – wird die Identität mit familienfreundlichen Aktivitäten und Straßenfesten bis in die Gegenwart bewahrt. In dem Eckhaus in der Papenstraße 64 befand sich ein Laden für Reiseandenken und kunstgewerblichen Kitsch. Es war auch das Wohnhaus der Psychoanalytikerin und Gegnerin Sigmund Freuds Karen Horney, die als Karen Danielsen 1885 getauft wurde. 1901 wurde sie von Pastor von Ruckteschell in der Friedenskirche konfirmiert. Von der Pracht des Gebäudes künden nach der Zerstörung einzig nur die Erinnerungen älterer Mitbürger an die Vorkriegszeit.

Als eines der wenigen Häuser in der Nachkriegs-Trümmerlandschaft Eilbeks blieb das Haus in der Hasselbrookstraße 68 erhalten. Umgeben vom Gebrauchtwagenmarkt der Firma Opel Lunau war es die letzte Bastion bis zur Räumung des Ladens. Gegen Bargeld florierte der Handel mit dem An- und Verkauf von Elektroherden und Kühlschränken. Dennoch konnten auch Gegenaktionen den Abriss nicht verhindern. Der soziale Wohnungsbau durch die Saga schuf hier moderne Gebäude. Als Herzstück ist das Verwalter-Büro auf dem Standort des alten Gebäudes seit einem Jahrzehnt ansässig. Ein Spielplatz und Freizeiträume prägen die Siedlungsanlage.

Die frühen Kinos lagen meistens an belebten Geschäftsstraßen, so auch das Zentral-Theater an der Wandsbeker Chaussee 162 gegenüber der Maxstraße. Das Lichtspieltheater wurde 1912 von dem Architekten Claus Meyer erbaut. Der Zuschauerraum bot 700 Sitzplätze im Parkett und 300 im Rang. Die Eingangshalle mit geschliffenen Spiegeln wurde von einem gewaltigen Kristalllüster gekrönt. Nicht nur bei Filmen von Luis Trenker war das Ufa-Kino 1937 gut besucht. Am kriegszerstörten Standort steht heute ein Haus mit Laubengängen und einem Penny Markt. Geblieben ist heute nur die Erinnerung an glanzvolle Kinobesuche, die ganz im Gegensatz zum Konsum in Selbstbedienungsläden unserer hektischen Zeit stehen.

Die Geschichte des Allgemeinen Krankenhauses Eilbek begann 1864 als Einrichtung für gemütskranke Menschen („Irrenanstalt Friedrichsberg") unter der Leitung von Ludwig Meyer. Für das Prinzip der zwangfreien Behandlung wirkte der Arzt als Wegbereiter. Die Zufahrt für Krankenfahrzeuge war seit 1919 Drehpunkt der Staatskrankenanstalt und ist heute ein Teil der Verwaltung. Nach dem Wiederaufbau der zerstörten Gebäude ist das AK Eilbek mit seinen Fachabteilungen von der Unfallchirurgie bis zum Zentrum für Schwerst-Schädel-Hirnverletzte stadtbekannt. Eingebettet in Gartenanlagen ist die Einrichtung mit ihrem Engagement für die Patienten eine der beliebtesten Krankenanstalten Hamburgs.

Der Tiefbunker im Kiebitzhof diente im Zweiten Weltkrieg den Arbeitern der Brotfabrik Julius Busch und den Anwohnern zwischen der Landwehr und der Conventstraße als Schutz bei Bombenangriffen. Das Gelände war später das Fundament für eine Holzhandlung und diente außerdem als Abstellplatz für Baumaschinen. Erst in den Jahren von 1998 bis 1999, nach Abriss der Eingangsportale und Trockenlegung der Kellerräume, war das moderne Wohn- und Geschäftshaus beziehbar. Bauherr und Ingenieur waren Dose und sein Partner Rabe. Das Architektenteam bildeten Marcovic, Ronai, Lütjen und Voss. Als „Bauwerk des Jahres 1999" wurde das Gebäude am Kiebitzhof 1 vom Architekten- und Ingenieurverein Hamburg preisgekrönt.

Zu den schlimmsten Kriegserlebnissen gehörten die Tage der Zerstörung Eilbeks durch Bombenangriffe vom 25. bis zum 30. Juli 1943. In jenen Tagen und Nächten gab es infolge der Terrorangriffe tausende Tote und starke Beschädigungen der Wohnviertel, Schulen, Bahnhöfe und Kirchen im Stadtteil. Die Ritterstraße im Bereich der Stadtbahnbrücke wurde zum Trümmerfeld und der Bahnhof Landwehr stillgelegt. Über 60 Jahre später sind bei einem Blick vom Turm der Schule Hasselbrook aus die Spuren des Krieges nicht mehr zu finden. Wohn- und Verkehrsverhältnisse weisen wieder in eine friedliche Zukunft.

2
Familienleben und Freizeit

Über alle Zeiten war das Schicksal der Familien oft abhängig von den Folgen der Kriege, der Arbeitslosigkeit und Inflation. Gemeinsam mit den Hilfsvereinen der Gemeinden konnte die Not gelindert werden. Verschiedene Einrichtungen – für Kinder bis hin zu den Senioren – ergänzten das Angebot in Kultur und Sport. Doch das eigene intakte Familienleben mit seinen Feiern und Ausflügen spielte doch auch immer eine tragende Rolle. Die Freuden der Jugend beim Spielen, die Erlebnisse der Erwachsenen bei ihrem Freizeitvergnügen und das Vereinsleben bildeten seit jeher die Grundlage, um Kontakte zu knüpfen. Im Folgenden sollen die Familien im Mittelpunkt des Geschehens stehen: mit ihrer Freizeitgestaltung, ihren interessanten Hobbys – vom Karneval bis zum Filmklub –, aber auch in ihrer Betroffenheit von der Tragik des Lebens. Zu den bewegendsten Momenten des einstigen Familienlebens gehörte der Abschied, wenn die Familienväter und Söhne an die Front mussten. Das untere Gruppenbild vereinigte Max Beller mit seiner Frau Martha und den Kindern zu Beginn des Ersten Weltkrieges 1914.

Zu den kleinen Freuden der Bewohner im Stadtteil gehörten seit Jahrzehnten die hinter den Häusern befindlichen Gartenanlagen. Ausgestattet mit Sitzecken, Sandkisten, den kleinen Gerätehäusern und Pavillons boten sie Ruhezonen unter schattigen Bäumen. Ob beim Treffen zum Kaffeeklatsch oder zu Familienfeiern im kleinen Kreis – hier entstanden vielfältige Kontakte, z.B. zu den Nachbarn. Im Zeitalter der Motorisierung wichen diese lauschigen Plätze dem Bedarf an Stellplätzen für Pkw und Fahrradständer.

Vor 50 Jahren waren die Ballonroller der Stolz der Kinder bei den sonntäglichen Spazierfahrten durch den Jakobipark und die Verbindungswege zum Bürgerpark. Als Vorstufe zum späteren Rennrad kaufte man diese Artikel bei Fahrrad-Löwe in der Wandsbeker Chaussee. Als handliches Gefährt unserer Zeit gilt der moderne Kickroller. Auf ihren Streifzügen durch Eilbek flitzen die Jungen über die Bürgersteige. Als Fußballfans sympathisieren sie offen mit dem Fußballclub St. Pauli.

Ein beliebter Treffpunkt für jung und alt sind Eilbeks Flohmärkte mit ihrem Angebot aus alten Kellern und Dachböden. Veranstalter waren die Kirchengemeinden, Schulen und Vereine. Die Stände boten über Bücher, Geschirr, Schallplatten bis hin zu Garderobe alles an. Vom Bikini zum Pelzmantel reichte die Palette für die Schnäppchenjäger. Waren es früher Grammophone, so sind es heute Computer. Erfreulich für Eilbeks Freizeiteinrichtungen: Der Erlös geht oft zur Finanzierung neuer Projekte an die Kindergärten und Hilfsverbände im Stadtteil.

Die Begeisterung für wintersportliche Disziplinen zog schon in der Nachkriegszeit die Eilbeker Damenwelt in ihren Bann. Als Eistänzerinnen drehten sie ihre Reigen mit kunstvollen Figuren. An strengen Wintertagen bot der zugefrorene Eilbekkanal ideale Übungsflächen für die Eistänzerin Irmgard Fichner. In der Senioren-Eistanzgruppe, geleitet von dem Trainer und ehemaligen Vizeweltmeister Heinz Germershausen, ist sie bei lateinamerikanischen Rhythmen voll in ihrem Element.

Der Sport-Club Eilbek von 1913 e.V. konnte im Jahre 2003 sein 90-jähriges Bestehen feiern. Nach mühevollen Jahren des Aufbaus entstand aus dem Fußballclub Vorwärts der heutige Verein mit seinen Hauptsportarten Fußball, Handball und Gymnastik. Das alte Mannschaftsfoto zeugt noch von der Siegesbegeisterung der 13 Fußballer nach dem Turnier von 1928. Statt Prämien gab es Lorbeerkränze, Pokale und Blumen. Es liegt schon 30 Jahre zurück, das die erste Frauenfußball-Mannschaft dem runden Leder nachjagte. Der Spielerinnenkader hofft heute mit seinem Trainergespann Holger Ramelow und Matthias Behn auf Plätze in der Tabellenspitze!

Zu den exklusiven Sportarten gehörte 1920 sicherlich auch das Tennisspiel. Zu den Mitgliedern im Klub Rolandsmühle zählten Bellers Tochter Martha und Heinrich Lau, die sich stolz mit den Balljungen fotografieren ließen. In der „Pampers-Liga" des Sport-Clubs Eilbek von 1913 zeigen die Knirpse ihre Lust am Fußballspielen. Mit kindlichem Eifer absolvieren sie ihr Training in den neu geschaffenen Sportanlagen in der Fichtestraße. Geleitet von der Trainerin Mahek Wadhwa und dem Trainer Timo Adomat nahm die 1. G-Jugend an Punktspielen teil.

Zu einer wichtigen Aufgabe der hiesigen Polizei gehörte die Verkehrserziehung an der Schule Wielandstraße. In Spielszenen wurden Situationen auf dem Schulweg vom „Verkehrskasper" erklärt. Man legte Aufgaben der Schülerlotsen und das Verhalten an Fußgängerampeln fest. Nicht weniger gebannt erlebten die Kinder den Aktions-Zirkus auf dem Stadtteilfest 2004. Unter Anleitung durften die Kleinen als Artisten auftreten. Ob als Jongleur, Akrobat oder Clown – die Freude und der Spaß waren bei den Akteuren wie beim jungen Publikum gleichermaßen zu spüren. Es war ein gelungener Beitrag zu unserem Fest im Jakobipark, den die „Saga" sponserte.

Zum Programm der Festwoche des 75. Jubiläums der Schule Wielandstraße 7 in Eilbek gehörte 1967 auch ein Laternenumzug. Die Schüler der Klassen 1 bis 5 starteten in den Abendstunden ihren Zug gemeinsam mit den Eltern durch den Bezirk. Begleitet von vielen Gästen war es der Auftakt zu den Jubiläumsfeiern am 28. August. Der alljährliche Laternenumzug des Turnerbundes Hamburg Eilbek fand gemeinsam mit den Schulen Hasselbrook und Richardstraße statt. Angeführt von Spielmannszügen und Polizeibeamten mit Einsatzwagen bestand der Zug aus mehr als 2.000 Teilnehmern. Für den 27. Oktober 2005 ist ein Umzug mit Feuerwerk und über 3.000 Laternen als Weltrekord für das Guinness-Buch geplant.

Die Vorführung eines Filmes von einer Betriebsfeier der Repro-Firma Albert Bauer begeisterte 1961 die Gründer des Schmalfilm-Clubs Hansa mit Sitz in der Conventstraße. Zu den zum Teil preisgekrönten Projekten gehörten Titel wie „Junger Mann sucht ...", „Tribut des Lebens" oder „Mit Pauken und Trompeten, mit Panzern und Raketen". Die Szene zeigt Günter Steinberg (rechts) bei Regieanweisungen zur Persiflage auf den realen Diebstahl einer Sidewinder-Rakete. Wie andere Freunde wählte er sein Hobby als Beruf. Mit seinem Studio filmt und produziert er heute Reisefilme und Dokumentationen. Synchronisation, Bewerbungsvideos, Musikproduktionen und Überspielungen auf modernste Datenträger ergänzen das Angebot.

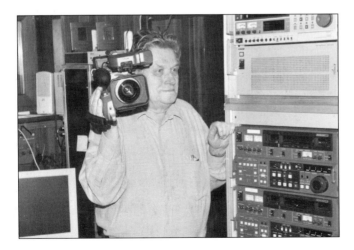

Nach dem Ausklingen der Notzeiten infolge des Krieges erfasste die Bürger Eilbeks die Sehnsucht nach Frohsinn und Tanzvergnügen. In den Partykellern und Vereinssälen begann man ab 1955 eine Serie von Kappenfesten, Kostümbällen, Kinderfasching und Maskeraden zu feiern. Ausgelassene Laune in improvisierten Kostümen bei Likörkonsum und Schlagermusik vom Plattenteller steigerte die Wogen der guten Stimmung. 50 Jahre später gilt es das Brauchtum des Halloweens mit der grausamen Figurenwelt des Harry Potter zu kreuzen. Mit Masken und Verkleidungen zur Abschreckung ziehen die Kinder von Haus zu Haus, um Süßigkeiten zu sammeln. Unter amerikanischem Einfluss wird das ursprünglich aus Irland stammende Fest zunehmend auch in Deutschland gefeiert. Beleuchtete Kürbisköpfe stimulieren die gruselige Atmosphäre, die das Fest meist umgibt.

Zwei Fotos aus verschiedenen Kinderwelten: Das Lichtbild vom Fotografen Oskar Weicht entstand 1926 auf der Wandsbeker Chaussee. Man sieht die Großtante Elsbeth Meier aus der Landwehr 11. Generationen später strahlt der Knirps Yannic in die Kamera, um der nach Australien Ausgewanderten ein Foto schicken zu können. Früher trugen die Mädchen große Haarschleifen – auch „Butterlecker" genannt. Heute kleiden sich Jungen und Mädchen einheitlich mit T-Shirt und Jeans. Damals wie heute bietet Eilbek Spielplätze, die in einem aktuellen Stadtteilplan von Kindern für Kinder zu finden sind. Initiator war Wolfgang Griesing mit einem Team von Sponsoren.

Wo auch immer Fotografen durch die Straßen zogen, gruppierten sich in der Vergangenheit stets die Kinder aus der Nachbarschaft. Dieses Bild aus der Hasselbrookstraße entstand um 1930. Im Blickpunkt seiner Freunde stand der Junge mit dem Roller. In seinen Träumen durchstreifte er Eilbek auf der Suche nach Abenteuern. Weitaus realistischer sahen die jungen Burschen ihre Fahrradtour durch die Besatzungsländer bis zu ihrem Ziel: dem Rhein. Übernachtet wurde in den Jugendherbergen, die sich 1947 entlang der Strecke befanden. Gespannt wartete man in Eilbek auf die Rückkehr des Trios, um von ihren Reiseerlebnissen zu erfahren.

Wann auch immer sich im Winter die Chance ergab, nutzte man den ersten Schnee für eine Rodelpartie im Jakobipark. Das hügelige Gelände bot ideale Abfahrten vor der Kulisse der Osterkirche. Wie schon vor über 40 Jahren wird die Parkanlage auch heute von den Kindern für Schlittenfahrten und Eislaufen auf dem zugefrorenen Rundteich genutzt. Viele Eilbeker Jungen und Mädchen erlebten hier die ersten Versuche mit ihren zu Weihnachten geschenkten Gleit- und Schlittschuhen. Spaziergänger nutzen den kurzen Verbindungsweg zum Bahnhof Hasselbrook.

Die kleinen Mädchen aus der Hasselbrookstraße zeigten im sonntäglichen Spiel mit ihren Puppen, Bettchen und Stuben ihre wahre Freude. Die Puppenmütter damals waren beseelt vom Glücksgefühl und der Fürsorgepflicht. Im Zeitalter der Computer hat die Jugend ihren Spaß an technischen Geräten. Kreativität und Spielfreude zeigen sich heute oft nur noch begrenzt am Bildschirm, wo jede Information schnell abrufbar ist. Besondere Faszination übt das Internet aus – die Kommunikationsplattform der Zukunft. Bleibt zu hoffen, dass die Kinder trotzdem weiterhin gemeinsam auch ohne Computer spielen.

Zur beliebten Tradition großer Feste gehörte schon immer ein Erinnerungsfoto – wie z.B. hier vom Brautpaar und seinen Gästen. So konnte man auch später noch lange Freude an der damaligen Präsentation des neuen Abendkleides oder eleganten Smokings haben. Das hier abgebildete historische Foto zeigt den Modetrend der Eilbeker Bürger aus dem Auenviertel im Jahre 1930. Zu einem wichtigen Familienfest wurde auf dem Bild aus dem letzten Jahrzehnt die Rubinhochzeit. 40 gemeinsame Ehejahre fanden ihre Würdigung in einer schnelllebigen Zeit, die oft von Scheidungen geprägt ist. Sie galt als „Generalprobe" für die Goldene Hochzeit.

Der Schauspieler Kurt Klopsch (1905-1989) aus Berlin hätte in diesem Jahr seinen 100. Geburtstag feiern können. Gern erinnert man sich an die Zeit, als er in Eilbek bei Karl-Ulrich Meves im theater 53 an der Landwehr auftrat. Er spielte auf fast allen Hamburger Bühnen unter den bedeutendsten Regisseuren. In seinen Rollen, wie auch im Fernsehen und im Film bleibt er unvergessen. Das obere Bild zeigt ihn (Mitte) in dem Film „Das Mädchen aus Hamburg", der in den Fünfzigerjahren entstand. Seine Bühnenkarriere wurde 1980 von dem Intendanten Friedrich Schütter am Ernst-Deutsch-Theater mit einer Goldenen Plakette gewürdigt.

Der Turnerbund Hamburg Eilbeck e.V. konnte 2005 ein stolzes Jubiläum feiern. Der familienfreundliche Verein wurde 1880 – vor 125 Jahren – gegründet und ist damit älter als sein Stadtteil. In seiner Chronik tauchen legendäre Wettkampferfolge auf. In einer Zeit von 54 Sekunden schafften die Frauen 1920 den Deutschen Staffelrekord über 4 mal 100 Meter. Seit 1949 wurde das alljährliche Weihnachtsmärchen zur Tradition. Fast 100 Personen arbeiten an der Verwirklichung. Dankbar nehmen die Darsteller von „Die Schöne und das Biest" 1998 den Schlussapplaus entgegen.

3
Chronik der Schulen

In der Erinnerung an die Schulzeit in Eilbek werden Schüler und Lehrer an prägende Begegnungen, verschieden interessante Unterrichtsinhalte und vorbildliche Pädagogen zurückdenken. Das Schulwesen bot eine Vielfalt an Lehrformen für Knaben und Mädchen. In den zweigeteilten Schulen zum Ende des 19. Jahrhunderts gab es strenge Pausenreglements und die gefürchteten Prügelstrafen. Als Zeugnis einer friedlichen Epoche blickt die erste Schule in der Kantstraße 6, die 1870 erbaut wurde, auf eine traditionsreiche Vergangenheit zurück. Als Folge der Bildungspolitik und des Bevölkerungszuwachses wurden neben den Privatschulen weitere Volksschulen gegründet. Entsprechend dem Interesse des Bürgertums für die Flottenpolitik Kaiser Wilhelm II. wurde der Matrosenanzug für Jahrzehnte Jungentracht an den Schulen. Zu den prominenten Schülern im Stadtteil zählten Max Schmeling (1905-2005), Ernst Thälmann (1886-1944) und die Sängerin Vicky Leandros. Die Belastungen der Schulreform ab 2005 zwangen die Leiter und das Lehrerkollegium an Eilbeks Schulen zu aufwändigen Strukturveränderungen.

Dieses Lehrerkollegium, bestehend aus würdigen Herren in angedeuteter Napoleon-Pose, war von 1892 bis 1897 im Amt. Hinter dem Tisch sitzt mit strenger Miene der Rektor der Volksschule Kantstraße. Die aufgestellten Utensilien wie ausgestopfte Vögel, eine Violine und der Globus symbolisieren die Lehrfächer Biologie, Musik und Erdkunde. Auf dem erweiterten Gelände wurde 1892 die Schule Wielandstraße erbaut, die zu ihren Jubiläen Festwochen veranstaltete. Zum Programm 1992 gehörte eine kleine Ausstellung von Blumen und Topfpflanzen, die von Schülern gezüchtet wurden.

Auf dem Grundstück in der Kantstraße 14 wurde 1900 eine weitere Schule eingeweiht. Über dem Eckportal an der Schellingstraße zierten eine Uhr und das Hamburger Wappen die Fassade. Die 18 Lehrer des Kollegiums von 1911 unterrichteten Klassen mit über 40 Schülern. Für die Zeugnisse wurden die Rangplätze extra errechnet. Die Leistungen im Sport mussten an der Schule Wielandstraße bis zum Bau der Turnhalle durch Freizeittraining gesteigert werden. Ergänzend zum Unterrichtsplan hatte die musische Erziehung mit Konzerten und Theater einen hohen Stellenwert.

Das historische Schulhaus in der Wielandstraße 7 wurde am 1. April 1892 feierlich eröffnet. Mit 11 von 15 geplanten Klassen bei einer Stärke von jeweils fast 50 Schülerinnen begann der Unterricht. Als reine Mädchenschule gestalteten rund 20 Lehrer und Lehrerinnen den Schulbetrieb. Enge herrschte in den Klassen und auf dem Schulhof. Die nach dem Krieg entstandenen Neubauten erfüllen die Konzepte moderner Schulpädagogik. In Konferenzen wurden die Methoden des Unterrichts und der Erziehung erarbeitet und von Schülern und Eltern gewürdigt.

In der Aufstellung von fünf Reihen übereinander entstand das Klassenfoto aus dem Jahre 1912. Gebannt schauen die Schüler dem Fotografen in die Linse. In ihrem Sonntagskleid waren die 42 Mädchen aus der Schule Wielandstraße auf dem Schulhof angetreten. Unter ihnen die achtjährige Marie Schubert, Tochter des Lederwarenfabrikanten aus der Wandsbeker Chaussee 254. Froh gestimmt üben die Mädchen den Chorgesang auf dem Schulhof, denn der nächste Festakt zum Jubiläum steht auf dem Plan. Mit Theaterspiel und Musikeinlagen will man die Gäste unterhalten.

Nach dem Empfang der Abgangszeugnisse an der öffentlichen Volksschule Wielandstraße bat der Klassenlehrer Timm zum letzten Termin. Ein Abschiedsfoto sollte im Kriegsjahr 1919 an die achtjährige Schulzeit erinnern. Durchaus ungezwungener gestalten sich heute Fotos von Schülern gemischter Klassen. Zukunftsweisend sind berufsorientierte Kurse und Betriebspraktika für die Schulabgänger. Eine Fortführung der bilingualen Deutsch-Spanischen Grundschule bietet die Schule Wielandstraße an. Diese Zusage machte die Schulleiterin Annegret Koch dem Pastor Dr. Michael Decker am Infostand auf dem Stadtteilfest 2004.

Die Mädchenschule am Roßberg 47 wurde 1886 erbaut. Die Knabenschule am Roßberg 45 wurde 1892 im angrenzenden Gebäude eröffnet. Sie war mit einer Selekta für begabte Schüler aus Eilbek ausgestattet. Ernst Thälmann, von der Schule Kantstraße kommend, absolvierte diesen Abschluss im Jahre 1900. Im Roßberg-Lehrerverzeichnis von 1935 findet man auch den Volksschauspieler Otto Lüthje vom Ohnsorgtheater. Aus der alten Schule wurde nach Umbauten ein Wohnhaus. Kernstück ist das griechische Lokal „Taverna Mykonos", eines der beliebtesten Restaurants im Stadtteil mit einer vorzüglichen Küche.

In der Wartenau 13 bis 15 befand sich die Elise-Averdieck-Schule mit einem angegliederten Lyzeum für angehende Lehrerinnen. Diese Mädchenschulen wurden im christlichen Sinne zeitweilig von der Direktorin Juliane Ditz geleitet. 1928 wurde gegenüber ein Erweiterungsbau mit einer Turnhalle eingeweiht. Nach vollständigem Umbau der Averdieck-Schule konnte vor Jahrzehnten die Fachhochschule mit dem Bereich Gestaltung in das Gebäude ziehen. Das Studium beinhaltet die Sparten Grafik, Design und Film – vermittelt von bekannten Künstlern.

Die Entscheidung zum legendären Bubikopf fiel den Mädchen 1927 nicht schwer, wie das Klassenfoto von Fräulein Walter zeigt. Die „Goldenen Zwanziger" wirkte prägend auf sie. In der Erinnerung von Ingeborg Kuferski waren die Kriegsjahre Notzeiten, die von Fräulein Hellwege überspielt wurden. Für Schülerinnen aus dem Auenviertel war die unmittelbare Nähe zur Elise-Averdieck-Schule immerhin von Vorteil, führte der Schulweg doch nicht durch die häufiger beschossenen Arbeiterviertel. Noch gab es 1941 für die Kinder unbeschwerte Stunden im Unterrichtsbetrieb mit Sondermeldungen von der Front.

Die jungen Damen in ihren selbstbewussten Posen standen kurz vor dem Schritt ins Berufsleben. Betreut von ihrer Lehrerin Fräulein Schlee wurden sie nach Lehrmethoden der Elise-Averdieck-Schule ausgebildet. Neben den Hauptfächern standen 1929 auch Hauswirtschaftskunde und ein Samariterkursus auf dem Lehrplan. Eilbeks Schulkinder wurden in den Kriegsjahren im Rahmen der Kinderlandverschickung in die Gebiete zwischen Bayern und Ungarn evakuiert. Die Mädchen haben sich vor der Abreise zu einem letzten Abschiedsfoto gruppiert.

4
Die Kirchen und ihre Gemeinden

Vor über 120 Jahren wurden die ersten Kirchengemeinden gegründet. Es folgten später weitere Stätten der Begegnung unterschiedlichster Glaubensrichtungen. Die evangelisch-lutherischen Gotteshäuser Friedenskirche, Versöhnungskirche und Osterkirche mit ihren prägenden Personen – den Pastoren – waren die Vermittler christlichen Glaubens und den Werken der Diakonie. Daneben gehörten seit 1889 die Baptisten, wie später die Mormonen und die Methodisten zur religiösen Vielfalt. Im letzten Jahrzehnt fanden die Serbisch-Orthodoxen Glaubensbrüder ein Domizil in Eilbek. Neben dem kulturellen Angebot mit Konzerten, Dichterlesungen und Theater gab es Gemeindefeste, Flohmärkte, Ausflüge und Kurse verschiedenster Interessengebiete. Durch die Fusion der Friedens- und Osterkirche, bedingt durch die Reduzierung des Etats, gibt es seit 2005 nur noch zwei Gemeinden, die von Pastorin Friedburg Gerlach und Pastor Dr. Michael Decker betreut werden. Wie schon in der Vergangenheit werden sie mit ihren Möglichkeiten dem Gemeinwohl dienen. Die Kirchengemeinde war von der Taufe bis zur Konfirmation für die Kinder und ihre Eltern auch ein Ort familiärer Ereignisse. Die Kindergottesdienste zur Einschulung waren um 1910 eine Tradition. Die Jungen in ihren Matrosenanzügen reihten sich erwartungsvoll vor der Friedenskirche auf. In den letzten Jahren wurde diese Feierstunde gemeinsam mit den Schulen neu belebt.

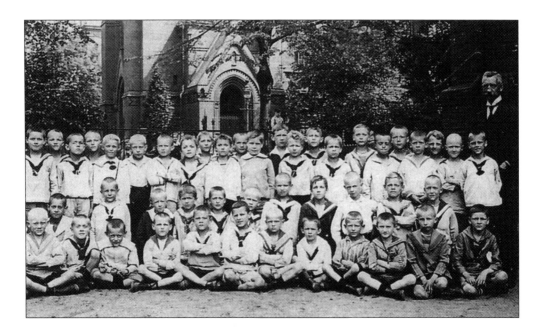

Die Einweihung der Friedenskirche fand am 15. März 1885 unter Beteiligung prominenter Bürger statt. Das Gotteshaus wurde von Professor Otzen im neugotischen Stil entworfen und von Handwerkern und Künstlern aus ganz Deutschland, aber auch aus Eilbek erbaut. Stolz wies Pastor Heinrich Reich (1847-1925) auf die Stiftung hin, die sich mit dem Altar und den Chorfenstern beteiligte. Das Weihnachtsmotiv von 1910 und der Altarraum weisen eine hohe gestalterische Harmonie auf. Nach der Zerstörung 1943 erhielt die Kirche 1960 seine heutige Ausstattung. Der Gospelchor „The Ileback-Singers" unter Leitung von Paul Baeyertz fand zur Weihnachtszeit mit seinen teils melancholischen, teils temperamentvollen Kirchenliedern dankbare Zuhörer.

Zu den herausragenden Persönlichkeiten gehörte der Pastor Nicolai von Ruckteschell (1853-1910), seit 1890 Seelsorger an der Friedenskirche. In seiner Gemeindearbeit brachte er alle Volksschichten, ob Besitzende und Arbeiter, jung und alt, Männer und Frauen in Vereinen zusammen, um das Evangelium zu vermitteln. Die Abschiedsfeier für Pastor Wolfgang Jürgens, der 2005 in Pension ging, erinnerte an die Jahre seines Wirkens in der Gemeinde. Engagiert kümmerte er sich bei Freizeitaktionen und Gemeindefesten um die Jugend. Mit Stolz blickte er auf seine preisgekrönte Blumenpracht am Pastorat und seine Touren im Himalaja-Gebirge in Nepal zurück.

Straßenmusik gehörte schon immer zu den schönsten Erlebnissen der Bürger. Welche Freude war erst ein Konzert des Posaunenchors, wenn das Ensemble Choräle berühmter Kirchenmusiker spielte. Seit 1979 ist der Kantor und Organist Michael Turkat an der Versöhnungskirche im Amt. In den über 25 Jahren musizierte er mit seinen Chören, der Eilbeker Kantorei, dem Flötenkreis und dem Posaunenchor in drei Gemeinden. Seine Orgelkonzerte und die Auftritte mit der Band „On the Rocks", von Konfirmanden veranstaltet, kennzeichnen ihn als musikalischen Prediger ersten Ranges.

Mitten in den Schrecken des Ersten Weltkrieges wurde im Juni 1916 der Grundstein für die Versöhnungskirche gelegt. Durch Verzögerung, meist aus finanziellen Gründen, wurden das Gotteshaus erst 1921 eingeweiht und der Turm 1925 vollendet. Rechts neben dem Gelände befand sich das Pastorat mit dem Konfirmandensaal. Erste Pastoren waren Pastor Julius Hahn und Paul Jürß. Das neue Pastorat im Eilbektal 33 dient der Pastorin Friedburg Gerlach heute als Wohnstätte und Ort der Besinnung auf ihre Predigten und Projekte. Ihre Aktion zur Nacht der Kirchen in Eilbek mit Musik und Kunstelementen bleiben in Erinnerung.

Dieses Konfirmationsbild stammt von Marie Engelke, geborene Schubert, die 1919 von Pastor Hahn in Eilbek eingesegnet wurde. Im Sommer 2005 konnte sie im Schwarzwald ihren 100. Geburtstag feiern. Am Sonntag, dem 2. April 2005, fand in der Friedenskirche ein Konfirmationsgottesdienst der Friedens-Osterkirche statt. Anschließend stellten sich Pastor Dr. Michael Decker, Pastor Wolfgang Jürgens und die Konfirmanden den Fotografen aus dem Familien- und Freundeskreis. Gelassen nahmen die elf Mädchen und vier Jungen die Segenswünsche der versammelten Gemeinde entgegen.

5

Handel und Handwerk, Geschäfte und Betriebe

Als Haupteinkaufsmeile ist die Wandsbeker Chaussee von der Wartenau bis zur Stadtteilgrenze zu Wandsbek die Magistrale Eilbeks. Vor 100 Jahren säumten neben den Geschäftslokalen vorwiegend Handwerksbetriebe und bäuerliche Anwesen die Chaussee. Auf dem Grundstück 186 befand sich die Schweinezüchterei von R.W. Stüve, der es mit seinem Gewerbe zu einem ansehnlichen Vermögen brachte. Als Viehhändler bezifferte er sein Kapital auf 600.000 Mark. Nicht nur als Mitglied im Bürgerverein war er im Stadtteil bekannt. Leider haben nur wenige Gewerbebetriebe und Geschäfte die Krisen der Inflation und des Wiederaufbaus nach 1945 gemeistert, denn viele alte Existenzen wurden zerstört. Im attraktiven Branchenmix, angeführt von einer Reihe von Traditionsadressen, wirbt die Interessengemeinschaft Einkaufsmeile Eilbek heute um treue Kunden. Aktionen wie „Kunst im Schaufenster" und das Pilotprojekt „Brötchentaste" für Kurzparker sind geplant.

Die Alte Eilbeker Apotheke blickt in diesem Jahr auf eine 250-jährige Firmengeschichte zurück. Von der Gründung im Jahre 1745 am Speersort bis zur Verlegung 1899 zur Wandsbeker Chaussee 1/Ecke Wartenau hat es einige andere Besitzer und Standorte gegeben. Das Vertrauen, das vor 100 Jahren der Apotheker Hilcker und seine Gehilfen genossen, geben heute Dr. Rainer Bomholt und sein Apothekerteam seit über 30 Jahren an die Patienten und die Ärzteschaft weiter. Durch kompetente Beratung und freundlichen Service erweiterte sich der Kundenstamm über Eilbeks Grenzen hinaus.

Ein vertrauter Anblick nicht nur in Eilbek waren die Lieferwagen der Bäckerei und Konditorei Bruno Herrling. Sie belieferten seit 1947 von der Wandsbeker Chaussee aus ihre zehn Läden und Filialen im Hamburger Raum. Seit der Gründung 1879 waren aus der Vielfalt des leckeren Angebots besonders die Hamburger Rundstücke, die Heißwecken und der Baumkuchen stadtbekannt geworden. Heute befindet sich eine Filiale der Bäckerei „Dat Backhus" in der ehemaligen Konditorei mit Tradition, die noch 1979 ihr 100-jähriges Firmenjubiläum feiern konnte. Noch heute erinnert man sich an die Zeit, als man bei Herrling eine große Auswahl an köstlichen Keksen kaufen konnte.

Wohl kaum jemand wird sich an den Gemüse- und Konservenhändler Hans Kröger an der Ecke Auenstieg/Wandsbeker Chaussee erinnern. Eine Spezialität seines Angebotes von in- und ausländischen Früchten waren die seltenen amerikanischen Äpfel. Im Post- und Bahnversand wurden sie an die wohlhabenden Bürger im Lande verschickt. Heute befindet sich an diesem Platz ein Lokal der Tunesier. Als Treffpunkt ihrer Landsleute erleben sie im heimatlichen Kolorit Stunden angenehmer Entspannung und schätzen diese Oase im Trubel der Großstadt, um kulturelle und soziale Themen zu diskutieren.

Weit über die Grenzen Hamburgs hinaus war die Firma Zauber-Bartl in Europa bekannt. Mit einigen tausend Artikeln zog Carl-Gerd Heubes in eine alte Villa in der Wandsbeker Chaussee 90. Bis 1995 war es die Adresse für Zauberkünstler aus aller Welt. Über 25 Jahre lang erlebte das Geschäft glanzvolle Zeiten und begeisterte mit seiner Auswahl an Tricks nicht nur die Kinder, sondern auch bekannte Artisten. Nach dem Abriss des Hauses wurde in einem Neubau ein modernes Sonnenstudio eingerichtet. Heute ist es ein Treffpunkt gesundheitsbewusster Jugendlicher, die ihr Aussehen verschönern möchten.

Der aus Ungarn stammende János Bartl war ein professioneller Zauberkünstler, der das Sortiment seiner Läden aussuchte. Sein Nachfolger Heubes und seine Frau demonstrierten später auch in Zauberzirkeln die verblüffende Wirkung faszinierender Tricks vor Publikum. In einem kleinen Anbau in der Papenstraße wurden diese Vorführungen veranstaltet. In dem Sonnenstudio Vitalia mit seinen 13 Kabinen sorgen zauberhafte Mitarbeiterinnen, allen voran Liset und Jacqueline, für zufriedene Kunden und geben Tipps zur Sonnenlicht-Energie für jeden Hauttyp.

Schon seit 1907 war eine Commerz- und Privat-Bank im Stadtteil zu finden. In der Wandsbeker Chaussee 101 war für die Kaufleute und Fabrikanten in Eilbek das passende Domizil eingerichtet. Alle Bankgeschäfte von der Verzinsung der Geldeinlagen, der Umwechselung fremder Geldsorten bis zur Diskontierung von Wechseln wurden abgewickelt. Nach der Kriegszerstörung befindet sich im Neubau ein Wettbüro für eine Auswahl von Sportarten. Ob Fußballspiele und Pferderennen von Experten oder Laien getippt werden, ohne Fortuna gibt es keine Gewinne.

Vor über 70 Jahren begann der Firmengründer Wilhelm Pabst mit dem Verkauf und der Reparatur von Motorrädern. Werkstatt und Laden in der Wandsbeker Chaussee 96 wurden 1935 zum Treffpunkt für die begeisterten Motorradfahrer. In der dritten Generation wird der Betrieb seit einigen Jahren von Thorsten Pabst erfolgreich weitergeführt. Neben dem Service sind die Aktivitäten vom Sporttag über Werkstattkurse bis zum Renntraining in Polen gefragte Angebote. Ob ein Roller, Ersatzteile und Reifen oder Umbauten und Vermietung – der Zweiradmeisterbetrieb erfüllt alle Wünsche seiner Kunden.

Das zweistöckige Haus in der Wandsbeker Chaussee 110/Ecke Ritterstraße blickt auf eine wechselvolle Geschichte zurück. Um 1880 befanden sich im Keller eine Wirtschaft und im Erdgeschoss ein Geschäft für Hüte und Hemden. Nach dem Wiederaufbau war der Laden von Feinkost Köster von 1957 bis 1992 die Adresse für Schauspieler auf dem Weg in die Studios. Das Puppenstudio von Birgit Jäksch ist seit 1993 mit Teddys, Marionetten, Figuren und Spielzeug das Paradies für Puppenmütter jeden Alters. Als Puppendoktorin veranstaltet Birgit Jäksch auch Kurse zur Fertigung des Lieblingsspielzeugs in ihrem Atelier.

Seit der Gründung der Uhrenhandlung von Fritz Krack am 1. Oktober 1898 in der Wandsbeker Chaussee 169 erlebte der Traditionsbetrieb eine wechselvolle Geschichte. Bis zu seiner Heirat 1911 führte Fritz Krack das Geschäft mit zwei Angestellten. Später wurde der Laden von der Familie bis zur Ausbombung 1943 weitergeführt. 1956 wurde das heutige Haus gebaut, 1977 übernahmen Peter Krack und seine Ehefrau Renate das Geschäft, die beide 1971 die Meisterprüfung im Goldschmiedehandwerk bestanden. Nach Vergrößerung des Juweliergeschäfts und der Werkstatt konnte 1998 das 100.Firmenjubiläum gefeiert werden. Durch ihr Können und Talent eroberten sie sich einen treuen Kundenstamm.

In der Chronik der Apothekerfamilie Feuerbach finden sich von der Gründung 1856 am Neuen Steinweg bis zur Verlegung nach Eilbek 1899 in die Wandsbeker Chaussee 177/179 ereignisreiche Jahre. Um sein Taschengeld aufzubessern, war der junge Max Schmeling 1918 hier als Bote tätig. Der Enkel des Gründers Feuerbach übernahm die Neue Eilbeker Apotheke 1933, sie wurde von 1968 bis 1993 von seinem Sohn Günter geleitet. Die Apotheke, seit 1899 am gleichen Platz, ist heute im Besitz des Apothekers Kai-Peter Siemsen. Als Fachberater schult er das Personal aus dem Praxisbereich an den modernsten Geräten und unterweist sie in den aktuellsten Techniken der Gesundheitsvorsorge.

Ein Konzert der blasgewaltigen Pankoken-Kapelle vor dem Laden der Gebrüder Borchert in der Wandsbeker Chaussee brachte den Männern immer ein paar Pfennige oder Groschen Trinkgeld für ein Bier und eine Knackwurst. In dem Eckhaus zum Abzweig Roßberg befand sich diese Fabrik feiner Fleisch- & Wurstwaren. Ein Menschenalter später befindet sich in dem Neubau, direkt vor einem Eingang zur U-Bahn Ritterstraße gelegen, der Schlachter Lehmann. Neben seinem Party-Service schätzt man seine Fleisch- und Wurstwaren und die Auswahl an Salaten und Käsesorten.

Das Endgrundstück an der Maxstraße war 1887 eine bevorzugte Handlung von Weißwaren, wie Bettbezüge und Kissen damals genannt wurden. Viele Eilbeker Frauen kauften hier den Grundstock für ihre Aussteuer, denn alle Textilwaren der kleinen Manufaktur waren handgefertigt. Im Laden am gleichen Standort kann man heute spontan dekorative Dinge vom Kitsch bis zum nützlichen Kleinod für ein paar Euro erwerben. Eine Auswahl an Blumen und Zeitschriften, dazu Gartenfiguren, Ölgemälde und ein Sortiment an Angelzubehör wecken die Kauflust der Passanten. Es ist ein Laden zum Stöbern und eine Fundgrube für ausgefallene Artikel.

Zu den bekanntesten Geschäften in der Wandsbeker Chaussee gehörte der Laden des Krämers Voß an der Ecke Maxstraße. Vom Balkon seiner Wohnung im zweiten Stockwerk gab er 1888 das Zeichen für den Fotografen. So entstand diese Aufnahme von dem stattlichen Gebäude aus der Gründerzeit. Die fast vollständige Zerstörung Eilbeks im Jahre 1943 ließ nur Trümmer von dem Gebäude übrig. Auf dem Gelände baute 1930 „Opel Lunau" seinen Betrieb auf. Als Leiter einer Fahrschule, Händler mit Neu- und Gebrauchtwagen und seinen Reparaturwerkstätten war er in Eilbek bekannt. Als Nachfolger fungiert die Autofirma Karabag mit dem Verkauf von Fiat-Kleinlastern und der Vermietung zu günstigen Konditionen.

Aufgrund der engen Wohnverhältnisse waren die Kneipen das abendliche Zuhause der Arbeiter. Wenn sie es sich 1925 leisten konnten, kamen sie nach Feierabend in die beliebte Gastwirtschaft von Hermann Elsner. Das Lokal lag an der „Chaussee" 283/Ecke Seumestraße und schenkte Tivoli-Bier aus. Für die Freunde der polnischen Küche gibt es heute am gleichen Platz die Spezialitäten des Landes. Für den Durst werden einige Bier- und Wodkasorten zum Ausprobieren angeboten. Auf dem Speiseplan stehen die Riesenkrakauer Würste und bekannte Gerichte wie Bigos und Krautfleisch oder Koldony, die herzhaften Fleischklöße aus der Pfanne.

Firmengründer des bekannten Waagenherstellers Seca war der Schlossermeister A.C.C. Joachims. Nach Erhalt des Meisterbriefes 1840 begann er mit dem Bau von Dezimal-Waagen. Durch Kauf der maroden Firma 1888 wurde Frederik Vogel neuer Inhaber. Er ließ 1897 den Namen Seca beim Patentamt schützen und gewann Curt Halke 1904 als Teilhaber. Der unaufhaltsame Aufstieg des Betriebes am Hammer Steindamm wurde durch die Kriegszerstörungen unterbrochen. Nach dem Wiederaufbau präsentiert sich der Betrieb mit 100 Mitarbeitern und erfüllt im Waagenbau wie vor 160 Jahren die Ansprüche an Präzision, Ergonomie und Design.

Aus der Firmenchronik von Seca: Nach der Rückkehr aus Straßburg 1840 begann der Schlosser Joachims mit der Montage und Justierung von Brückenwaagen. Das technische Geheimnis entlockte er dem Mönch Quintenz. Bereits um 1850 beschäftigte Joachims 30 Handwerker, die sich mit dem Inhaber vor der Fabrik fotografieren ließen. Ein Sortiment unterschiedlichster Waagen aus der Produktion wurde dazu aufgestellt. Mit dem legendären Wirtschaftswunder 1950 wuchs auch Seca. Industriewaagen und medizinische Personenwaagen wurden in alle Welt exportiert. Mit einem neuen Unternehmenskonzept trägt Sönke Vogel seit 1970 die Verantwortung für das Traditionsunternehmen und die innovative Entwicklung.

Der Eisengießer, Schlosser und Mechaniker Rudolph Otto Meyer gründete 1858 ein Unternehmen für den Bau von Zentralheizungen. Zusammen mit seinen Technikern gelangen ihm zahlreiche Erfindungen. Mit der Verlegung des Betriebes 1893 nach Eilbek und verbesserter Auftragslage wurde der Fuhrpark der Expedition vergrößert. Zu den Mitarbeitern gehörte um 1925 als Rohrbieger auch Max Schmeling. Unter dem Firmenzeichen ROM expandierte das Unternehmen. Nach der Zerstörung des Werkes zählte die Firma 1954 schon wieder 2.100 Beschäftigte. Mit der Ausdehnung des Betriebes nach Wandsbek und der Gründung von Niederlassungen in anderen Städten fand man die Heizungstechniker auf vielen Großbaustellen im Einsatz.

Am Hammer Steindamm 49/51 befand sich 1926 das Klubheim des Vereins Sport- und Spiel Eilbeck. Der Wirt Theodor Schenk führte das Lokal und schenkte das Bier der Holstenbrauerei aus. Im „Dritten Reich" wies 1934 ein Schild auf ein „Verkehrslokal der Hitler Bewegung" hin. Wie sich die Zeiten ändern: In dem Wohnhaus gegenüber dem S-Bahnhof Hasselbrook befindet sich das China-Restaurant Chen an der Grenze zu Hamm. Zu den Köstlichkeiten der Küche gehören Gerichte von Enten, Hühnern und Fischen. Spezialitäten sind die Frühlingsrollen und der Reiswein. Die Ausstattung des Lokals mit chinesischem Inventar und Symbolen lädt zum Verweilen ein.

Zu den alteingessenen Firmen in Eilbek gehörte die Gewürzmühle von Friedrich Heed am Hirschgraben. Seit ihrer Gründung im Jahre 1903 wurde vorwiegend Kurkuma aus Madras und Haiti für Senf- und Curry-Pulver gemahlen. Nach Übernahme durch den Gewürzmüller Heinz Rostock wurde der Betrieb in Teilen modernisiert. In den Wintermonaten erreichte die Duft- und Geschmacksintensität von Ingwer, Zimt und Nelken ihre Krönung. Durch gedrosseltes Mahltempo gelangten die über 100 Gewürze und Heilkräuter zu hoher Qualität. Nach Schließung des Betriebes 1998 gingen Maschinen und Geräte in das Gewürzmuseum in der Speicherstadt. Die Mühle wurde 2005 zum aufgestockten Wohnhaus umgebaut.

Die Eilbeker Meierei von Gustav Pönitz am Eilbeker Weg 39 bis 49 war im Stadtteil bestens bekannt. Seit 1899 fuhren die Pferdefuhrwerke schon am frühen Morgen durch die Straßen, um die Bürger mit frischer Milch zu versorgen. In dem Betrieb wurden unter strengster Kontrolle von der Gewinnung bis zur Ablieferung Joghurt, Butter und Käse hergestellt. Der Straßenzug wurde nach der Kriegszerstörung von kleinen Läden und einer Gastwirtschaft gesäumt. Die einstige Betriebsamkeit der ausfahrenden Firmen-Lieferwagen wird jetzt durch den regen Verkehrsstrom dieser Verbindungsstraße nach Barmbek weitergeführt.

Die Firma Julius Risch wurde 1898 gegründet und übersiedelte als Teilbetrieb 1919 zur Wartenau 10. Als Spezialgeschäft für gutbürgerliche und herrschaftliche Einrichtungen wurde es bis 1971 von Gertrud Risch geführt und von Ottfried und Renate Nast übernommen. Die Entwürfe seiner Frau setzte der Tischler Ottfried Nast handwerklich um und fertigte die Möbel an. Bei einem Raubüberfall 1994 kamen beide in ihrem Geschäft ums Leben. Nach dem tragischen Schicksalsschlag führt der Sohn Martin den Betrieb weiter. Das 100-jährige Jubiläum 1998 und die Erweiterung des Sortiments begründeten eine erfolgreiche Zukunft. Eine Besonderheit ist das komfortable Drehbett-Sofa, ein Verwandlungsmöbel für die Ausstattung von Senioren-Wohnanlagen.

Das Geschäft von Radio Kröger wurde 1959 in der Landwehr 15 eröffnet. In dem einzigen Schaufenster des Meisterbetriebes entdeckte man – heute nostalgische – Musiktruhen, Kofferradios, Fernseher, Haushaltsgeräte und eine Auswahl von Schallplatten beliebter Schlagersänger. Der Service und die Erweiterung der Verkaufsräume mit drei Schaufenstern begründeten den Erfolg der Firma. Über 10 Jahre – von 1994 bis 2004 – führte Dino Kröger einen zweiten Fachbetrieb im Einkaufszentrum Hamburger Straße. Mit dem Slogan: Der Klügere kauft bei „Kröger hat's GmbH" bietet die Geschäftsführerin Elke Kröger Weltmarken-Geräte an. Der Verkauf, die Aufstellung und die Reparatur von Fernsehern, Computern, Hifi- und Videogeräten wird durch das Angebot von Zubehör ergänzt.

Vor fast einem Jahrhundert war die Bahnhofsgaststätte Landwehr von Ottomar Siegel das Klublokal der Eilbeker Vereine. Im Ausschank gab es das köstliche Actien-Bier auch im Siphon-Versand. Während die Damen beim Einkaufsbummel auch in das Wäschegeschäft August Dauw auf der anderen Straßenseite schauten, diskutierten die Männer tagespolitische Themen oder spielten Skat. In den Nachkriegsjahren etablierte sich in dem Haus neben Kröners Gaststätte ein Zigarrenladen mit Zeitschriften und Lotto. Nach grundlegenden Umbauten zog der Optiker Krause in das Eckhaus. Sein Hauptgeschäft am Bahnhof Landwehr verfügt über computergesteuerte Messgeräte. Die Beratung durch qualifizierte Augenoptikermeister garantiert dem Kunden in allen vier Läden, noch König zu sein.

6
Die Entwicklung des Verkehrswesens

Unser Stadtteil, zwischen Hamburg und Wandsbek gelegen, war schon seit 1842 durch das Basson'sche Unternehmen mit seinen Pferdeomnibussen verkehrsgünstig zu erreichen. Fast zeitgleich mit dem Bau der Eisenbahnlinie nach Lübeck fuhren die ersten schienengelenkten Pferdebahnen ab 1866 durch Eilbek und verbanden die zehn Kilometer lange Strecke zwischen dem Rathausmarkt und dem Wandsbeker Zollamt. Schon 1879 stellte man den Verkehrsbetrieb auf die Dampf-Straßenbahnen um. Das Zeitalter der „Elektrischen" mit dem Schienennetz begann 1897. Die Hamburg-Lübecker Eisenbahn nahm 1865 den Personen- und Güterverkehr zwischen den Hansestädten auf. Zwischen dem Hauptbahnhof und Ohlsdorf fuhren seit 1907 die ersten S-Bahnzüge im Wechselstrombetrieb und ergänzten die optimale Verkehrsanbindung. Jahrzehnte später kamen die Doppeldecker-Busse zum Einsatz. Mit dem Bau der U-Bahnstrecke mit ihren drei Stationen endete die Ära der Straßenbahnen. Heute durchkreuzen die Metro- und Schnellbusse unser Straßennetz.

Stolz präsentierten sich die Handwerker, Kutscher, Schaffner und Kontrolleure vor einem der letzten Wagen der Pferde-Eisenbahn im Depot am Hammer Steindamm. Ein Jahr später, 1897, trat die elektrische Straßenbahn ihren Siegeszug an. Nach dem Schienenausbau und der Montage der Stromleitungen gab es die ersehnte Verbindung zwischen Hamburg und Altona. Die Linie 1 mit der Streckenführung von Bramfeld über Wandsbek und Eilbek ließ die Fahrgäste das Vergnügungsviertel St. Pauli mit dem Traumziel Reeperbahn noch schneller erreichen.

Ein denkwürdiges Datum für das Personal und die Fahrgäste war der 21. Juni 1879. Kurz vor der Elektrifizierung der Straßenbahn stellte man sich zum Gruppenfoto auf. Die Dampf-Eisenbahn mit der Vorspann-Lokomotive und dem doppelstöckigen Personenwagen trat die letzte Fahrt an. 1897 genehmigte der Senat den Einsatz von Lokomotiven. 1883 fuhren dann die Schweizer Lokomotiven als Doppeltraktion, im Volksmund „Plätteisen" genannt. Die Straßenbahn-Linie 22 bediente den Kurs von Wandsbek nach Schnelsen. Wegen der Kriegszerstörungen 1943 fuhren die Bahnen nur bis zur Kehre Richardstraße.

Bei dieser Aufstellung des Personals und der Straßenbahnfahrzeuge auf dem Betriebsbahnhof Hoheluft im Jahre 1902 wurden Disziplin und Pflichtbewusstsein demonstriert. Die Linien 2 und 16 bedienten über Jahrzehnte den Verkehrsraum von Eilbek bis nach Jenfeld und zu Hagenbecks Tierpark. Die Hamburger Hochbahn Aktiengesellschaft konzipierte ständig technische Verbesserungen an den Straßenbahnen, Schnellbahnen, Alsterdampfern und Bussen. Aktuell wird auf die Ausbildung und Schulung des Personals geachtet, um den Fahrgästen Sicherheit und Service zu garantieren.

Die Straßenbahnen der Hamburg-Altonaer Centralbahn Gesellschaft verbanden die bis 1937 getrennten Städte über ein Streckennetz von Borgfelde bis Ottensen. Für den Fahrpreis von 10 Pfennigen konnte man um 1900 quer durch Hamburg über St. Pauli bis nach Altona reisen. Auf offenen Plattformen mussten die Straßenbahnführer bei Wind und Wetter ihren Dienst versehen. Verbesserungen führten später zu größeren Wagen mit vier Achsen, verglasten Plattformen mit Fahrersitz und elektrischen Lampen. Die modernen Metrobusse nahmen vor einigen Jahren den Kurs von der Burgstraße über Landwehr, Wartenau bis zum Universitäts-Krankenhaus Eppendorf auf. Als Werbeträger mit Plakaten beklebt, empfehlen sie Versicherungen, Baumärkte oder Musicals.

In den Jahren des Ersten Weltkrieges kamen immer mehr Frauen als Straßenbahnführerinnen oder Schaffnerinnen zum Einsatz. Auch auf der Eilbeker Strecke von Wandsbek zum Rathausmarkt konnte man das weibliche Personal auf der Linie 1 erleben. Die Frauen arbeiteten wegen der Kriegsfolgen ersatzweise in einem männlichen Berufssektor. Die Arbeitsplatznot nach dem Ende des Zweiten Weltkrieges 1945 zeigte eine gegensätzliche Situation. Männer belegten die Posten bei der Hamburger Hochbahn, als Schaffner und Fahrer auf den Straßenbahnen. Erst Jahrzehnte später kamen dann wieder Frauen gleichberechtigt an die Schalter, zum Zug- und Aufsichtspersonal oder lenkten Busse durch Eilbek.

Am 4. Oktober 1896 wurde der elektrische Betrieb für die Straßenbahnlinie 4 aufgenommen. Triebwagen fuhren von der Kehre an der Richardstraße bis zum Hohenzollernring in Ottensen. Sie passierten den Steindamm, den Hauptbahnhof, die Mönckebergstraße und die weltberühmte Reeperbahn. Die Straßenbahnlinie 3 nahm 1948 die Strecke von Tonndorf bis nach Eidelstedt in Betrieb. Bis zum Wiederaufbau Eilbeks nach dem Zweiten Weltkrieg erblickte man zu beiden Seiten der Wandsbeker Chaussee nur zerstörte Wohn- und Geschäftshäuser. Erst seit 1960 erhielt unser Stadtteil sein heutiges Gesicht. Wenige Hausfassaden der alten Wohnkultur blieben aus der Vergangenheit erhalten. Uniforme Bauten prägen fortan Eilbeks Straßenbild.

Schon 1882 forderte der Wandsbeker Bürgermeister Friedrich Puvogel, die Wandse auf dem Abschnitt schiffbar zu machen, bevor sie zur Eilbek wird. Vor dem Ausbau des Kanals von 1885 bis 1887 mit massiven Ufermauern wurde die Personendampfschifffahrt schon 1879 bis zur Richardstraße in Eilbek ausgedehnt. 1887 wurde die Dampferlinie bis an die Grenze von Barmbek-Süd zur Von-Essen-Straße verlängert. Im Zweiten Weltkrieg wurde jeder Schiffsverkehr verboten, dann 1962 wieder geplant und leider verworfen. Ob zur Kaiserzeit mit dem Dampfschiff „St. Georg" von 1876 oder mit der „Eilbek" – eine Kanalfahrt bleibt ein Sonntagsvergnügen, ohne Hoffnung auf einen ständigen Liniendienst.

Ein vertrautes Bild im Verkehrsleben Eilbeks waren die Doppeldecker-Busse. Eine Haltestelle der Linie F befand sich in der Wandsbeker Chaussee vor dem Bierlokal von Alex Jahn. Von Meiendorf kommend, ging die Fahrt zum Hauptbahnhof. Vom Oberdeck genoss man die Aussicht auf die beliebtesten Motive im Stadtteil: die Parkanlagen des Jakobifriedhofs, das Zentral-Kino, den Bürgerpark und die Eilbeker Bürgersäle. Weniger eindrucksvoll ist in unseren Tagen eine Fahrt mit dem Schnellbus 35 durch Eilbeks Haupteinkaufsmeile von der Börnestraße bis zur Wartenau.

Zur Beseitigung schienengleicher Übergänge musste am Bahnhof Landwehr stadtauswärts ein Damm aufgeschüttet werden. Das Gebäude auf der Grenze zu Hohenfelde, verbunden mit dem Aufgang zum Bahnsteig, war ein Beispiel der Baukunst zur Kaiserzeit. Torförmige Eingänge und Uhren schmückten die Fassaden. Das kriegszerstörte Bahnhofsgebäude wurde vor Jahrzehnten abgerissen. Eine Ladenzeile mit einer Apotheke und weiteren Geschäften entstand. Im Juni 2003 verzögerte eine Pannenserie bei Brückenarbeiten zur Modernisierung des Bahnhofs Landwehr das Projekt. Ein Riesenkran brach mit einem Brückenteil von 210 Tonnen zusammen: Der Schaden belief sich auf mehrere hunderttausend Euro. Letzte Bauarbeiten wurden jetzt endgültig abgeschlossen.

Ein im Oktober 1906 abgeschlossener Vertrag besagte, dass der Bahnhof Hasselbrook mit Umsteigemöglichkeit zur Lübeck-Büchener Eisenbahn auszubauen wäre. Das Bahnhofsgebäude wurde mit großem Aufwand gestaltet. Aufragende Giebel und der Rundturm mit der Uhr gaben, nach dem Entwurf Eugen Goebels erbaut, dem Stationsgebäude die architektonische Repräsentativität. Nach Abriss der Bahnsteigüberführungen 1990 betreiben Gastronomen den alten Bahnhof als Restaurant mit Biergarten. Um das bauhistorische Denkmal zu erhalten, veranstalten sie Jazzfrühschoppen und Disconächte.

An der Wandsbeker Chaussee 278 bis 280 wurde 1907 nach Eröffnung der Stadtbahnstrecke der gleichnamige Bahnhof feierlich eingeweiht. Zusätzliche Gütergleispaare führten nach Barmbek und Ohlsdorf. Das Gebäude mit seinem markanten Uhrenturm im Flaggenschmuck beherbergte auch Dienstwohnungen für das Zugpersonal. Zur Ausstattung gehörten an diesem 1. Mai 1937 Telefonzellen und ein Kiosk des Hamburger Tageblatts. Nach der Zerstörung der Station 1943 wurde ein profaner Zweckbau errichtet, der seine Bedeutung als Umsteigebahnhof zur U-Bahn im Jahr 1962 erhielt. Umbauarbeiten im Jahr 2005 sicherten den optimalen Service für die Fahrgäste.

Der Grenzbahnhof Friedrichsberg, im Schnittpunkt der Stadtteile Eilbek, Wandsbek und Barmbek, war seit 1907 der ideale Anschlusspunkt für die Besucher des Allgemeinen Krankenhauses Eilbek, der ursprünglichen „Anstalt für Gemütskranke". Der imposante Bau mit seinem Uhrenturm und der großzügigen Bahnhofshalle war reich mit Fresken geschmückt. Nach der fast vollständigen Zerstörung durch Luftangriffe erfolgte der spartanische Wiederaufbau. Als Flachbau ist der heutige S-Bahnhof mit einem Blumenladen und einem Bistro ausgestattet. Ticket-Automaten ersetzen den Fahrscheinverkauf und die persönliche Beratung. Eine Schnellbuslinie erhielt eine Haltestelle für die Strecke nach Blankenese.

Die ab 1908 in Dienst gestellten Wagen der Wechselstromzüge besaßen einen Holzkastenwaggon mit einem abgerundeten Tonnendach. Die kleinste betriebsfähige Zugeinheit bestand aus einem Trieb- und einem Steuerwagen von je 14 Metern Länge. Sie waren mit je zwei Abteilen der 2. Klasse und sechs Abteilen der 3. Klasse ausgestattet. Als modernste Triebzüge galten die Fahrzeuge der Baureihe 474/874 im Einsatz bei der Hamburger S-Bahn. Sie wurden aus nichtrostendem Edelstahl gefertigt. Mit der rechnergesteuerten Drehstrom-Antriebstechnik und der großzügigen Gestaltung und Ausstattung des Fahrgastraumes leistet diese Baureihe seit Jahren einen wichtigen Beitrag zur Steigerung der Attraktivität und Sicherheit des Nahverkehrs.

Seit 1912 war die Hoch- und Untergrundbahn das Rückgrat des Personenverkehrs und verband die Wohn- und Arbeiterviertel mit dem Hafen und der Innenstadt. Mit der Umwandlung der Bauwerke von Tunneln zu Viadukten und der technischen Entwicklung der Fahrzeuge nahm die U-Bahn seit 1955 ihre größte Ausbauphase. Investitionen begünstigten den Tunnelbau unter der Wandsbeker Chaussee in Eilbek. Die Stationen Wartenau, Ritterstraße und Wandsbeker Chaussee konnten 1962 eingeweiht werden. Die technische Ausstattung der unterirdischen Bahnhöfe, teilweise mit Aufzügen, ist heute mustergültig. Im Serviceangebot findet man Fahrplantafeln neben Kiosken und Bistros – und die Züge fahren pünktlichen ab.

Sutton Verlag
BÜCHER AUS HAMBURG

Hamburg-Eilbek
Karl-Heinz Meier
3-89702-609-0 | 17,90 €

Hamburg-Wandsbek
Helmuth Fricke
3-89702-663-5 | 17,90 €

Hamburg-Altona
Hajo Brandenburg
3-89702-556-6 | 17,90 €

Hamburg-Harburg
Sibylle Küttner
3-89702-727-5 | 17,90 €

Zeitsprünge **Hamburg-Fuhlsbüttel**
Manfred Sengelmann
3-89702-669-4 | 17,90 €

Hamburg. Eine kleine Stadtgeschichte
Christian Schnee
3-89702-535-3 | 12,90 €

SUTTON VERLAG